BEI GRIN MACHT SICH IHR WISSEN BEZAHLT

- Wir veröffentlichen Ihre Hausarbeit, Bachelor- und Masterarbeit

- Ihr eigenes eBook und Buch - weltweit in allen wichtigen Shops

- Verdienen Sie an jedem Verkauf

Jetzt bei www.GRIN.com hochladen und kostenlos publizieren

GRIN

Bibliografische Information der Deutschen Nationalbibliothek:

Die Deutsche Bibliothek verzeichnet diese Publikation in der Deutschen National-
bibliografie; detaillierte bibliografische Daten sind im Internet über http://dnb.d-
nb.de/ abrufbar.

Impressum:

Copyright © 2013 GRIN Verlag
Druck und Bindung: Books on Demand GmbH, Norderstedt Germany
ISBN: 9783656913634

Dieses Buch bei GRIN:

https://www.grin.com/document/293427

Anonym

Datenschutz und Datensicherheit. Fallbeispiel der US-Geheimdienstaffäre

GRIN Verlag

GRIN - Your knowledge has value

Der GRIN Verlag publiziert seit 1998 wissenschaftliche Arbeiten von Studenten, Hochschullehrern und anderen Akademikern als eBook und gedrucktes Buch. Die Verlagswebsite www.grin.com ist die ideale Plattform zur Veröffentlichung von Hausarbeiten, Abschlussarbeiten, wissenschaftlichen Aufsätzen, Dissertationen und Fachbüchern.

Besuchen Sie uns im Internet:

http://www.grin.com/

http://www.facebook.com/grincom

http://www.twitter.com/grin_com

Bachelor Business Administration

Reflective evaluation

E-Commerce

Thema:

Datenschutz und Datensicherheit

Fallbeispiel: US-Geheimdienstaffäre

7. Oktober 2013

Inhaltsverzeichnis

1. Einleitung

In der folgenden Studienarbeit wird das Thema des Datenschutzes und der Datensicherheit, vertieft durch das Fallbeispiel der US-Geheimdienstaffäre, behandelt.

Da Daten in zunehmendem Maße elektronisch gespeichert und übermittelt werden sowie orts- und zeitunabhängig zusammengeführt werden können, kann es zu einer außerordentlichen Gefahr oder Bedrohung der eigenen Persönlichkeitsbewahrung werden. Deshalb ist dieses Thema auch im aktuellen Kontext von besonderer Relevanz (waste.informatik.hu-berlin.de, 2013, S. 3).

Die Ausarbeitung ist folgendermaßen strukturiert. Beginnend mit einer Definition von Datenschutz und Datensicherheit, worauf im Anschluss die Unterschiede zwischen den beiden Begriffen festgelegt werden und ebenfalls auf die informationelle Selbstbestimmung näher eingegangen wird. Darüber hinaus wird die Thematik durch das Fallbeispiel der US-Geheimdienstaffäre und dessen Folgen sowie kontroversen Ansichten von Experten und bekannten Persönlichkeiten verstärkt. Abschließend wird ein Fazit gezogen.

2. Datenschutz und Datensicherheit

Datenschutz beinhaltet im weiteren Sinne allein die Vorkehrungen die unerwünschte Folgen der Datenverarbeitung ausschließen sollen. Im engeren Sinne ist es der Schutz personenbezogener Daten vor Missbrauch bei ihrer Speicherung, Übermittlung, Veränderung und auch Löschung, wobei die Gefahr der Verletzung von Persönlichkeitsrechten besteht (Witt, 2010, S. 3 und olev.de, 25.11.2011). Der Schutz der Daten muss durch die Kontrolle des einzelnen Bürgers und durch den Landes- und Bundesbeauftragten für Datenschutz eingehalten werden. Das bedeutet, dass jeder Einzelne die Verwendung seiner Daten kontrollieren muss, was besonders im Umgang mit dem Internet vernachlässigt wird (anarcho-versand.de, 26.02.2011). Dabei gilt nach dem Bundesdatenschutzgesetz (BDSG), dass jeder der Daten verarbeitet, dazu verpflichtet ist, diese nicht für einen anderen Zweck zu verwenden, als für den sie erhoben wurden. "Sogenannte "Schutzbedürftige Daten", mit schutzwürdigen Interesse des Betroffenen (z.B. Strafdaten, Gesundheitsdaten, religiöse oder politische Anschauungen, arbeitsrechtliche Daten, vollständiges Geburtsdatum) dürfen nur mit der Zustimmung des Betroffenen gesammelt und gespeichert werden." (anarcho-versand.de, 26.02.2011)

Allerdings ist Datenschutz nicht mit Datensicherheit zu verwechseln, denn Datensicherheit bezieht sich auf den Schutz der personenbezogenen Daten. Durch die Datensicherheit sollen die Daten vor Verfälschung, Vernichtung und unberechtigtem Zugriff bewahrt werden (Witt, 2010, S. 3 und waste.informatik.hu-berlin.de, 2013, S. 4). Dies geschieht durch technische Sicherheitsmaßnahmen wie Antivirusprogramme, Backups (Datensicherung) und entsprechendes Benutzerverhalten, wodurch Angriffe auf Systeme und Netzwerke vorgebeugt werden sollen (Theißen, 2009, S. 422 ff. und anarcho-versand.de, 15.03.2011).

2.1 Abgrenzung von Datenschutz und Datensicherheit

Grenzt man die beiden Begriffe nun voneinander ab, lässt sich folgendes dazu festhalten. Wie schon genannt, schützt der Datenschutz nur die natürliche Person, wobei die Datensicherheit die Hard- und Software sowie die Daten selber schützt.

Bei einer Missachtung des Datenschutzes ist eine Verletzung der Persönlichkeitsrechte nicht ausgeschlossen, wie auch bei einer Verweigerung von Datensicherheit Verluste, Zerstörung und Missbrauch von Daten nicht abwegig sind (hu-berlin.de, 2013, S. 5).

Aus der Zusammensetzung dieser beiden Einheiten wird das Bundesdatenschutzgesetz (BDSG) gebildet. In diesem wird in § 1 Absatz 1 BDSG das Ziel des Datenschutzes wie folgt beschrieben:

"Zweck dieses Gesetzes ist es, den Einzelnen davor zu schützen, dass er durch den Umgang mit seinen personenbezogenen Daten in seinem Persönlichkeitsrecht beeinträchtigt wird." (gesetze-im-internet.de, 2013)

Zudem zielt das Bundesdatenschutzgesetz auf die Beachtung des Gebots zur Datenvermeidung und Datensparsamkeit (Kahler/Werner, 2008, S. 163), wie auch darauf, dass die Datenverarbeitung nicht verhindert, sondern vielmehr kontrolliert wird. Gleichermaßen ist die Einhaltung des Rechts auf informationelle Selbstbestimmung zu wahren. (datenschutz.de, 2013).

Außerdem hat eine Gruppe von Staaten, mitunter auch Deutschland und die USA, gemeinsame Kriterien für die Evaluation von IT-Sicherheit aufgestellt, welche sich inhaltlich vor allem auf die Einhaltung von *Vertraulichkeit, Integrität* und *Verfügbarkeit* von Informationen beziehen. Daten- oder IT-Sicherheit legt ebenso Wert auf Authentizität und Authentifizierung, was bedeutet, dass eine eindeutige Identifikation eines Absenders und eines Kommunikationspartners vorhanden sein muss (Kappes, 2007, S. 2).

2.2 Informationelle Selbstbestimmung

Um nun auf ein wichtiges Ziel des Bundesdatenschutzgesetzes näher einzugehen, wird die informationelle Selbstbestimmung erläutert.

Sie beinhaltet den Grundsatz, dass jede Person über die Preisgabe und Verwendung seiner personenbezogenen Daten bestimmen kann. Die informationelle Selbstbestimmung ist ein Grundrecht eines jeden Menschen und beruft sich auf das allgemeine Persönlichkeitsrecht. Hergeleitet wird dieses aus dem Gesetz der allgemeinen Handlungsfreiheit und der Garantie auf Menschenwürde.

Dabei sollten möglichst wenig persönliche Daten veröffentlicht werden um die größtmögliche Freiheit eines Einzelnen bei einer minimal nötigen Bindung zu gewährleisten (datenschutz.de, 2013 und Theißen, 2009, S. 204). Zur informationellen Selbstbestimmung gehört ebenfalls die informationelle Gewaltenteilung.

Informationelle Gewaltenteilung bedeutet, dass ein stellenübergreifender Datenaustausch nur möglich ist, wenn ein Gesetz dies bewilligt. Es besteht ein sogenanntes Abschottungs-Prinzip, bei welchem die verschiedenen Stellen und auch Abteilungen ihre Daten voneinander abschotten müssen, so dass die Einblicknahme in die Daten von Betroffenen auf wenige Personen eingegrenzt bleibt (Theißen, 2009, S. 466 und rlp.de, 2013).

Allerdings bestehen Bedrohungen, die gegen dieses Persönlichkeitsrecht verstoßen. Dazu gehört, die jetzt schon weitverbreitete Vorratsdatenspeicherung, welche die Bildung von Profilen unterstützt und eine Rasterfahndung ermöglicht, wie auch die Verfügbarkeit von riesigen Datenbanken, welche eine Deanymisierung auslösen. Die Auswertung von Daten kann ebenfalls in Betrieben angewendet werden, um dort Leistungs- und Verhaltenskontrollen durchzuführen (heise.de, 2013).

3. Fallbeispiel: US-Geheimdienstaffäre

Im weiteren Verlauf wird der Datenschutz sowie die Datensicherheit anhand des Fallbeispiels der US-Geheimdienstaffäre erläutert und vertieft. Im Frühjahr ist der bislang größte Datensammlungsskandal vom US-amerikanischen Geheimdienst NSA aufgedeckt worden, wozu folgende allgemein erklärende Fakten zu nennen sind. Das NSA-Überwachungsprogramm "Prism" ist in der Lage die Daten der großen Internetkonzerne wie Facebook, Apple, Microsoft, Skype, Google und Andere anzuzapfen. Damit hat die NSA Zugriff auf Videos, Fotos, E-Mails, Dokumente und sogar Telefongespräche (focus.de, 07.06.2013). Das Überwachungsprogramm ist in der Lage diese Daten so auszuwerten, dass es längere Verbindungen zwischen Personen verfolgen kann. Dazu gehören Angaben zu Kommunikationspartnern, Inhalte von Gesprächen, Aufenthaltsorte oder auch Meinungsäußerungen aus der Vergangenheit von Betroffenen (stern.de - Geheime Datensammlung, 27.06.2013). Die Daten werden über die transatlantischen Kabel zwischen Europa und Amerika abgefangen und gespeichert (stern.de - Big Brother USA, 18.06.2013 und Kahler/Werner, 2008, S. 183). In Utah (USA) wird zudem bald ein gigantisches neues NSA Rechenzentrum in Betrieb gehen, wo 5 Billionen Gigabyte gespeichert werden können. Damit kann das gesamte Datenaufkommen des Internets für die nächsten 100 Jahre der Menschheit gespeichert werden. Laut der Verantwortlichen ist Prism allerdings nur eine Waffe gegen den Terrorismus oder ausgeklügelter Kriminalität (stern.de - Geheime Datensammlung, 27.06.2013).

Das Programm Prism soll laut internen Geheimpapieren, selbst 500 Millionen Daten pro Monat aus Deutschland speichern (pagewizz.com, 2013).

Dazukommend hat auch der britische Geheimdienst GCHQ ein ähnliches Überwachungsprogramm (Tempora) verwendet um den Netzverkehr voll zwischen zu speichern und dadurch in der Lage ist alle Daten zu analysieren und Teile dauerhaft zu speichern (stern.de - Geheime Datensammlung, 27.06.2013).

3.1 Folgen

Im folgenden Abschnitt werden die Auswirkungen der US-Geheimdienstaffäre in politische, wirtschaftliche und gesellschaftliche Folgen aufgelistet.

Politisch gesehen, entsteht zum einen ein Vertrauensverlust gegenüber Partnerländern, da die NSA unter anderem auch Deutschlands Daten abfängt und ausspioniert (pagewizz.com, 2013). Zudem stellte die Spionageaffäre nicht die besten Voraussetzungen für die Verhandlungen zum größten Freihandelsabkommen der Welt zwischen Europa und den USA. Allerdings ist das Thema und der mögliche Vorteil zu wichtig für Europa um die Verhandlungen zu verschieben (sueddeutsche.de, 07.07.2013).

Selbst die deutschen Parteien sahen dieses Ereignis als wichtiges Wahlkampfthema zur diesjährigen Bundestagswahl 2013. Die CDU/CSU hat sich dafür ausgesprochen keine Datenspeicherung mehr ohne gegebenen Anlass durchführen zu lassen, allerdings die Verhandlungen zum Freihandelsabkommen nicht zu unterbrechen. Peer Steinbrück (SPD) forderte dahingehend eine sofortige Einstellung der Verhandlungen, wenn es um einen möglichen millionenfachen Datenmissbrauch gehe (sueddeutsche.de, 26.08.2013 und focus.de, 08.07.2013).

Wirtschaftliche Folgen sind ein möglicher Datenstromstopp, welcher von der Europäischen Union verordnet werden würde, sollten Zweifel an der rechtlichen Verwendung der Daten nachzuweisen sein (derwesten.de, 05.07.2013). Dazu kommt, dass sich Unternehmen um die Sicherheit ihrer Daten sorgen, da es zu einer Verzerrung des Wettbewerbs führen kann. Zudem befürchten die großen IT-Unternehmen durch den Skandal Kunden zu verlieren (derwesten.de, 12.09.2013).

4

Gesellschaftlich gesehen, wird eindeutig gegen das personenbezogene Datenschutzgesetz verstoßen. Heißt also auch gegen die Grundrechte eines Menschen. Zudem schwindet offenbar das Vertrauen der Bürger in seinen Staat wie auch andersherum, wodurch jeder einzelne Bürger durchaus berechtigte Gründe zur Sorge vor Bespitzelung haben müsste. Eine Bitkom-Umfrage ergab, dass 58 Prozent der Internetnutzer staatlichen Stellen in Bezug auf den Umgang mit personenbezogenen Daten wenig bis gar nicht vertrauen (cio.de, 31.07.2013).

3.2 Kontroverse Ansichten

Um das Fallbeispiel abzurunden ist es sinnvoll, Meinungen von Experten und wichtigen Persönlichkeiten einzuholen.

Der US-Sicherheitsexperte Joel Brenner war sich sicher, dass alle Staaten spionieren und diese es miteinander sowie gegeneinander tun. Zudem hätten Mitarbeiter des französischen und deutschen Geheimdienstes längst von den gegenseitigen Bespitzelungen gewusst (focus.de, 08.07.2013). Der Geheimdienstexperte von der "Washington Post" David Ignatius meinte, dass nicht nur Daten ausgetauscht werden sondern auch die Analysen dieser Daten. Laut Ignatius ist "*jeder Teil ein und desselben Systems.*" (focus.de, 08.07.2013)

Die beiden Staatsoberhaupte Barack Obama und Angela Merkel waren sich mehr oder weniger einig. Obama versteht die heuchlerische Aufruhr der Europäer nicht und teilt mit: "*Die Europäer gehören zu unseren engsten Verbündeten und wir teilen ständig Geheimdienstinformationen mit ihnen*" (focus.de, 08.07.2013). Wohingegen Merkel betont, dass die Zusammenarbeit mit den US-Geheimdiensten unerlässlich sei, um die Sicherheit deutscher Bürger zu gewährleisten. Gleichermaßen fordert sie ein internationales Datenschutzabkommen, in welchem eine einheitliche EU-Datenschutzgrundverordnung geregelt wird, damit "*Internet-Unternehmen Auskunft darüber erteilen, an wen sie Daten weitergeben.*" (blick.ch, 15.07.2013)

4. Fazit

Zusammenfassend lässt sich folgendes festhalten. Datenschutz und Datensicherheit dienen der Sicherheit der natürlichen Person und deren personenbezogenen Daten vor Manipulationen oder unerlaubten Zugriffen, welche eine Verletzung der Persönlichkeit oder einem Datenmissbrauch auslösen könnten (dejure.org, 11.06.2010 und Witt, 2010, S. 3).

Deutlich wird anhand der NSA-Spähaffäre, dass das Überwachungsprogramm Prism hauptsächlich negative Aspekte aufweist. Es hat unter anderem gegen das deutsche Bundesdatenschutzgesetz verstoßen, da auch deutsche Daten ohne Berücksichtigung der informationellen Selbstbestimmung zwischengespeichert und analysiert wurden (stern.de, 18.06.2013). Allerdings ist es tatsächlich in der Lage Terroranschläge oder höchste Kriminalität aufzudecken und dadurch auch Deutschlands Sicherheit dient (welt.de, 19.06.2013).

Die ausgiebige und übertriebene Spionage führt allerdings zu gesellschaftlichen Unruhen und Skepsis. Zudem wollen die vereinigten Staaten wie auch Großbritannien mit ihren Geheimdiensten Macht ausüben und sind dadurch in der Lage soziale Systeme zu kontrollieren. Ziel muss es also sein eine soziale Ausgewogenheit zwischen der Bewahrung von Grund- und Menschenrechten und der staatlichen Kontrolle zur Sicherheit jedes Einzelnen zu gewährleisten. Datenschutz bleibt also ein entscheidendes Thema in Bezug auf die Garantie der Persönlichkeitsrechte und somit auch in der Weltpolitik (focus.de, 07.06.2013).

Literaturverzeichnis

Bücher:

Witt, B. C. (2010): *Datenschutz kompakt und verständlich*. 2. Auflage, Vieweg Teubner Verlag Wiesbaden

Kahler, T. und Werner, S. (2008): *Electronic Banking und Datenschutz.* Springer Verlag Berlin Heidelberg

Theißen, S. (2009): *Risiken informations- und kommunikationstechnischer (IKT-) Implantate im Hinblick auf Datenschutz und Datensicherheit.* Universitätsverlag Karlsruhe

Kappes, M. (2007): *Netzwerk- und Datensicherheit.* Teubner Verlag Wiesbaden

Internetquellen:

Burger, A. und Herfert, D. (2013): *Datenschutzgesetz trifft Informatik.*

http://waste.informatik.hu-berlin.de/lehre/ss06/IuR/datenschutz.pdf,

[Abrufdatum: 23.09.2013]

DIALOGMARKETING (2011): *Kurz und Knapp: Datenschutz.*
http://dialogmarketing.anarcho-versand.de/2011/02/26/kurz-und-knapp-datenschutz/?format=pdf, [Abrufdatum: 22.09.2013]

IT-Glossar (2011): *Datenschutz, Datensicherheit.*

http://www.olev.de/it/a-k.htm, [Abrufdatum: 24.09.2013]

Gesetze im Internet (2013): *§1 Zweck und Anwendungsbereich des Gesetzes.* http://www.gesetze-im-internet.de/bdsg_1990/__1.html, [Abrufdatum: 23.09.2013]

Viehweger, B. (2013): *Datenschutz/Datensicherheit.*

http://iwi.wiwi.hu-berlin.de/~viehweger/datenschutz-2008-1.pdf,

[Abrufdatum: 22.09.2013]

dejure.org (2013): Bundesdatenschutzgesetz §3a Datenvermeidung und Datensparsamkeit. http://dejure.org/gesetze/BDSG/3a.html, [Abrufdatum: 27.09.2013]

Virtuelles Datenschutzbüro (2013): *Informationelle Selbstbestimmung - Was bedeutet das?*. http://www.datenschutz.de/recht/grundlagen/, [Abrufdatum: 27.09.2013]

DIALOGMARKETING (2011): *Kurz und Knapp. Der Unterschied zwischen Datenschutz und Datensicherheit.*

http://dialogmarketing.anarcho-versand.de/2011/03/15/kurz-und-knapp-der-unterschied-zwischen-datenschutz-und-datensicherheit/, [Abrufdatum: 25.09.2013]

rlp.de (2013): *Gerichtsentscheidungen.*

http://www.datenschutz.rlp.de/de/rglocal.php?ber=bverfg_vz1987&typ=gerichtsentschei dungen, [Abrufdatum: 27.09.2013]

Schulzki-Haddouti, C. (2013): *Alltägliche Rasterfahndung.*

http://www.heise.de/ct/artikel/Alltaegliche-Rasterfahndung-890108.html, [Abrufdatum: 22.09.2013]

FOCUS ONLINE (2013): *US-Geheimdienst späht weltweit Internetnutzer aus.*

http://www.focus.de/politik/ausland/usa/tid-31719/spionage-affaere-um-obama-us-geheimdienst-spaeht-weltweit-internet-nutzer-aus_aid_1007368.html, [Abrufdatum: 22.09.2013]

Rungg A., Stawski D., Liedtke D. und Streck M. (2013): *Was sie über Prism wissen sollten.*   http://www.stern.de/politik/ausland/big-brother-usa-was-sie-ueber-prism-wissen-sollten-2026776.html, [Abrufdatum: 01.10.2013]

Stern.de (2013): *Die Internet-Überwachung der Nachrichtendienste.*

http://www.stern.de/politik/ausland/geheime-datensammlung-die-internet-ueberwachung-der-nachrichtendienste-2030639.html, [Abrufdatum: 01.10.2013]

PAGEWIZZ (2013): *Prism, Tempora und die Folgen für uns alle.*

http://pagewizz.com/prism-tempora-und-die-folgen-fuer-uns-alle/,

[Abrufdatum: 02.10.2013]

Piper, N. (2013): *Verhandlungsstart mit Zähneknirschen.*

http://www.sueddeutsche.de/wirtschaft/freihandelsabkommen-zwischen-eu-und-usa-verhandlungsstart-mit-zaehneknirschen-1.1714890, [Abrufdatum: 03.10.2013]

Sueddeutsche.de (2013): *Steinbrück will Gespräche wegen NSA-Affäre unterbrechen.*
http://www.sueddeutsche.de/politik/freihandelsabkommen-mit-usa-steinbrueck-will-gespraeche-wegen-nsa-affaere-unterbrechen-1.1754554, [Abrufdatum: 30.09.2013]

WAZ (2013): *EU droht nach Spionagevorwürfen mit Konsequenzen.*

http://www.derwesten.de/politik/eu-droht-usa-nach-spionagevorwuerfen-mit-konsequenzen-id8151486.html, [Abrufdatum: 20.09.2013]

WAZ (2013): *Für Facebook-Chef Zuckerberg hat US-Regierung die NSA-Affäre vergeigt.* http://www.derwesten.de/wirtschaft/digital/fuer-facebook-chef-zuckerberg-hat-us-regierung-die-nsa-affaere-vergeigt-id8432799.html, [Abrufdatum: 01.10.2013]

Klostermeier, J. (2013): *Vertrauen und Staat und Behörden schwindet.* http://www.cio.de/public-ict/datenschutz/2924447/#, [Abrufdatum: 25.10.2013]

Blick.ch (2013): *Merkel will internationales Datenschutzabkommen.* http://www.blick.ch/news/ausland/merkel-will-internationales-datenschutzabkommen-id2372977.html

welt.de (2013): *USA wollen mit Prism 50 Anschläge verhindert haben.* http://www.welt.de/politik/ausland/article117253355/USA-wollen-mit-Prism-50-Anschlaege-verhindert-haben.html, [Abrufdatum: 01.10.2013]